I0791353

Kennst du das auch?

Ich möchte so gern etwas malen!
Aber was?
Mir fällt nichts ein...
Und das Starren des weißen Blattes wird unerträglich.

Oder diese Situation?
Hoch motiviert sitze ich an meinem Arbeitsplatz. Alles ist wunderbar aufgeräumt und vorbereitet. Nun kann es eigentlich los gehen. Das Bild in meinem Kopf kann Realität werden.
Dann passiert es:
Nichts klappt.
Versuch 1 scheitert.
Versuch Nr. 2 sieht auch nicht besser aus und landet ebenso wie Versuch Nummer 3 im Altpapier.
Einfach frustrierend!

Um diese Frustration wieder abzubauen und das Schreien des leeren Blattes endlich zum Schweigen zu bringen, habe ich die Technik des **POURING - PAPER** entwickelt.

Es ist kinderleicht!

Erinnerst du dich vielleicht noch an deine Kindheit?

Als du die Wolken beobachtet hast, wie sie am Himmel vorbeiziehen? Dann, ganz plötzlich, wurde die eine Wolke zu einem Elefanten mit Zylinder. Oder da, siehst du das Segelschiff mit der Eistüte als Gallionsfigur? Den Drachen, die Blüte mit Fee, den lachenden Totenkopf?
Genauso funktioniert es mit **POURING - PAPER**.
Betrachte die Bilder, blättere vor, dreh sie auf den Kopf, blättere zurück, schau von nah oder fern und dann, ganz wie von selbst, erkennst du etwas. Eine Form oder Figur erscheint. Wage erst wahrscheinlich, aber definitiv da.
Schnapp dir nun deinen Lieblingsstift und fang an zu kritzeln. Wild oder ganz zart. Je nachdem, wie es sich gut für dich anfühlt. Umrande deine Entdeckung. Arbeite sie aus. Siehst du noch mehr Details?

Und dann, ehe du dich versiehst ist ein wunderbares Bild entstanden.

Wie fühlst du dich nun? Gut oder??

Dann mach weiter damit. Entdecke deine eigenen Möglichkeiten und probiere, was immer du möchtest aus. Es macht so viel Freude und in diesem Buch stecken unendlich viele Möglichkeiten.

Welches Material brauchst du für die Arbeit mit POURING - PAPER?

Du brauchst kein spezielles Material zu kaufen. Nutze einfach das, was du sowieso schon Zuhause hast. Am besten deinen Lieblingsstift in deiner Lieblingsfarbe.

Warum sind hier so wenig Beispiele für die Arbeit mit POURING - PAPER?

Jeder Mensch ist einzigartig. Zeigst du ein und dasselbe Bild einer Wolke fünf verschiedenen Personen, kannst du mit ziemlicher Sicherheit davon ausgehen, dass du fünf unterschiedliche Antworten bekommen wirst, was sie darauf erkennen. Da dieses Buch ausschließlich für dich und deine Augen bestimmt ist, möchte ich dich so wenig wie möglich beeinflussen.

Natürlich habe ich dir ein paar wenige Beispiele eingepackt, damit du einen kleinen Anhaltspunkt der unendlichen Möglichkeiten hast.

Falls du Lust hast, kannst du mich auch gerne in meiner Facebook-Gruppe „POURING - PAPER - das Original" besuchen. Hier kannst du deine Werke mit anderen Mitgliedern teilen und findest auch immer wieder neue POURING - PAPER.
Ich freue mich darauf dich dort zu treffen!

Fineliner in weiß und schwarz

Fineliner in weiß und schwarz

Tinte und Acryl

So, du bist dran.
Entspann und genieß
die Freiheit von
POURING - PAPER!

Impressum
© 2021 A. Flittner
c/o
2store/Guuja
Zehnthofstraße 4
97199 Ochsenfurt

Autor: A. Flittner
Umschlaggestaltung, Satz, Layout Illustration: A. Flittner
Veröffentlich durch Amazon KDP